RÈGLEMENT

POUR LE CONCOURS

DES COLLÉGES ROYAUX

ET PARTICULIERS

DE PARIS ET DE VERSAILLES

EN L'ANNÉE 1838.

UNIVERSITÉ DE FRANCE.

ACADÉMIE DE PARIS.

RÈGLEMENT

Pour le concours des colléges royaux et particuliers de Paris et de Versailles.

(Extrait du procès-verbal de la séance du 20 juin 1838.)

LE CONSEIL ACADÉMIQUE ARRÊTE ce qui suit :

TITRE PREMIER.

Des Compositions.

ARTICLE PREMIER.

Deux inspecteurs de l'académie de Paris, désignés par M. le ministre Grand-Maître de l'Université, seront chargés de présider aux opérations du concours.

ART. 2.

Nul élève ne sera admis à concourir, s'il n'a suivi les leçons du professeur de sa classe, au moins depuis le 1er avril 1838.

2

ART. 3.

Ne pourront être admis à concourir pour les prix, les élèves qui, au 1ᵉʳ octobre 1837, avaient atteint,

Dans la classe de sixième............ 13 ans révolus :

Dans la classe de cinquième......... 14 ;

Dans la classe de quatrième......... 15 ;

Dans la classe de troisième......... 16 ;

Dans la classe de seconde........... 17 ;

Dans la classe de rhétorique......... 18 ;

Dans les classes de philosophie, de mathématiques élémentaires et de physique
(1ʳᵉ année)..., ... 19 ;

Dans les classes de mathématiques spéciales et de physique (2ᵉ année).... 20.

Les élèves qui prouveront qu'ils ont été vétérans de rhétorique dans un collége de plein exercice de l'académie de Paris seront admis au concours pour les classes de philosophie, de mathématiques élémentaires, et de physique (1ʳᵉ année), si, au 1ᵉʳ octobre 1837, ils n'avaient pas vingt ans révolus ; et, pour les classes de mathématiques spéciales et de physique (2ᵉ année), s'ils n'avaient pas vingt et un ans révolus à ladite époque.

ART. 4.

L'élève qui a obtenu un prix au concours de l'année dernière ne peut concourir, cette année, pour les prix de la même faculté, dans la même classe.

ART. 5.

L'élève qui a remporté au concours deux prix, ou un prix

et deux *accessit*, ne peut concourir pour aucun prix, cette année, dans la même classe.

ART. 6.

En rhétorique seulement, les vétérans seront admis à concourir, quelques nominations qu'ils aient obtenues l'année dernière.

Mais, pour obtenir un prix, ils doivent mériter une des deux premières nominations, et l'une des huit premières pour obtenir un *accessit*.

Ne doit être considéré comme vétéran que l'élève qui a fait deux années de rhétorique dans les colléges admis au concours, soit qu'il ait concouru ou non dans la première année.

ART. 7.

Le nombre des concurrents qui sont envoyés de chaque collége, pour chaque composition, ne peut excéder,

Dix dans les classes de philosophie, de physique, de mathématiques spéciales et de mathématiques élémentaires;

Dix dans la classe de rhétorique, choisis parmi les nouveaux (les vétérans ne pourront excéder le nombre de cinq);

Dix dans les classes de seconde et de troisième;

Huit dans les classes de quatrième, de cinquième et de sixième;

Lorsqu'il y aura dans un collége une ou plusieurs divisions de classe, faites conformément à l'article 4 du statut du 9 janvier 1810, le professeur de chaque division enverra six de ses élèves, et ne pourra dépasser ce nombre.

ART. 8.

Les listes des concurrents seront dressées par les professeurs

2.

de chaque classe ou de chaque division, et par eux remises aux proviseurs, qui s'assureront si les concurrents présentés remplissent les conditions prescrites.

Ces listes contiendront les nom et prénoms de chaque élève, l'indication de son pays, et son âge certifié par le proviseur, sur le vu de son acte de naissance. Le proviseur attestera l'âge en ces termes : *Certifié conforme aux actes de naissance vus et examinés par moi proviseur, etc.* Il certifiera, en outre, que *les concurrents ont suivi exactement toutes les parties de l'enseignement, soit de la classe dans laquelle ils sont appelés à concourir, soit des classes correspondantes.*

Dans les classes de rhétorique, les listes désigneront les *élèves vétérans.*

ART. 9.

Dès que les listes seront définitivement arrêtées, les proviseurs les feront remettre au chef-lieu de l'académie, avec les actes de naissance des concurrents.

Tout autre acte que l'acte civil de naissance, présenté pour en tenir lieu, ne sera admis que d'après une décision du Conseil académique.

L'envoi des listes devra précéder de deux jours au moins le jour de chaque composition.

ART. 10.

Les sujets de composition seront :

Pour la classe de philosophie.. { Une dissertation philosophique en français ; Une dissertation philosophique en latin.

Pour la classe de mathématiques spéciales.	Un ou plusieurs problèmes à résoudre sur les objets d'études indiqués par le statut pour cette classe.
Pour la classe de mathématiques élémentaires.	Un ou plusieurs problèmes à résoudre sur les objets de l'enseignement de cette classe.
Pour la classe de physique (2ᵉ année).	Un ou plusieurs problèmes à résoudre sur une des parties de la physique.
Pour la classe de physique (1ʳᵉ année).	Une ou plusieurs questions de physique.

Pour la classe de rhétorique...

- Un discours latin,
- Un discours français,
- Des vers latins,
- Une version latine,
- Une version grecque,
- Deux questions sur l'histoire de France.

Pour la seconde...........

- Un thème latin,
- Une version latine,
- Des vers latins,
- Une version grecque,
- Un thème grec,
- Deux questions sur l'histoire moderne,
- Une ou plusieurs questions de cosmographie,
- Une ou plusieurs questions de chimie.

Pour la troisième........... {
Un thème latin,

Une version latine,

Des vers latins,

Une version grecque,

Un thème grec,

Deux questions sur l'histoire du moyen âge et sur la géographie correspondante,

Une ou plusieurs questions de géométrie.
}

Pour la quatrième.......... {
Un thème latin,

Une version latine,

Une version grecque,

Un thème grec,

Deux questions sur l'histoire romaine et sur la géogaphie correspondante,

Une ou plusieurs questions d'arithmétique.
}

Pour la cinquième........... {
Un thème latin,

Une version latine,

Une version grecque,

Deux questions sur l'histoire ancienne (2ᵉ partie) et sur la géographie correspondante,

Une ou plusieurs questions d'histoire naturelle.
}

Pour la sixième . . . .

> Un thème latin,
>
> Une version latine,
>
> Deux questions sur l'histoire ancienne (1re partie) et sur la géographie correspondante,
>
> Une ou plusieurs questions d'histoire naturelle.

ART. 11.

Tous les sujets de composition seront donnés par le Grand-Maître de l'Université.

ART. 12.

Les présidents du concours décachetteront en présence des élèves le papier qui renfermera chaque sujet de composition, et le remettront aux surveillants désignés en l'article 14.

ART. 13.

Toutes les compositions se feront au chef-lieu de l'académie.

ART. 14.

La surveillance de la salle de la composition sera exercée par le président du concours et par quatre professeurs choisis parmi ceux de la classe appelée à composer. Ces quatre professeurs seront désignés par le Grand-Maître.

Le président et les quatre professeurs surveillants ne devront pas quitter la salle avant la fin de chaque composition.

Si, par quelque circonstance imprévue, l'un des surveillants était obligé de se retirer, il en serait fait mention au procès-verbal.

ART. 15.

Chaque élève, au moment où il sera appelé, remettra à l'un de MM. les surveillants son billet d'admission, délivré par son professeur, et visé par son proviseur.

ART. 16.

Aucun élève ne sera admis après l'appel terminé.

ART. 17.

Les élèves du même collége ne pourront être placés les uns à côté des autres.

L'un des surveillants les appellera et les fera ranger dans l'ordre suivant :

Un élève du collége royal de *Louis-le-Grand,*
Un élève du collége royal de *Henri IV,*
Un élève du collége royal de *Charlemagne,*
Un élève du collége royal de *Bourbon,*
Un élève du collége royal de *Saint-Louis,*
Un élève du collége royal de *Versailles,*
Un élève du collége de *Stanislas,*
Un élève du collége de *Rollin;*

ainsi de suite.

ART. 18.

Les élèves seront séparés autant qu'il sera possible. Ils ne quitteront leur place, sous aucun prétexte, que l'un après l'autre; et ils ne pourront la quitter que pour leurs besoins, ou pour consulter le texte de la composition.

ART. 19.

Toute espèce de communication au dehors est interdite, à peine d'exclusion du concours.

Il est défendu, sous la même peine, aux élèves de communiquer entre eux, soit de vive voix, soit par écrit.

ART. 20.

Tout élève qui causerait du trouble dans la salle sera sur-le-champ renvoyé par les surveillants, qui en rendront compte au président du concours.

ART. 21.

Les compositions auront lieu dans l'ordre et aux jours qui suivent :

Mardi 17 juillet.. { Mathématiques spéciales.
Mathématiques élémentaires.

Jeudi 19...... { Physique (2e année).
Physique (1re année).

Vendredi 20.... { Rhétorique........ Discours latin.
Troisième........ Version latine.

Samedi 21....... { Philosophie......... Dissertation française.
Quatrième........ Version latine.

Lundi 23....... { Rhétorique........ Version latine.
Seconde.......... Vers latins.

Mardi 24....... { Philosophie........ Dissertation latine.
Cinquième........ Thème latin.

Mercredi 25 juill.	Seconde..........	Chimie
	Troisième........	Thème latin.
Jeudi 26.......	Rhétorique.......	Discours français.
	Quatrième........	Version grecque.
Vendredi 27....	Seconde..........	Histoire.
	Troisième........	Version grecque.
Samedi 28......	Rhétorique.......	Vers latins.
	Cinquième........	Version latine.
Lundi 30.......	Seconde..........	Cosmographie.
	Quatrième........	Thème grec.
Mardi 31.......	Troisième........	Histoire.
	Cinquième.......	Version grecque.
Mercredi 1er août.	Rhétorique.......	Histoire.
	Sixième..........	Thème latin.
Jeudi 2........	Seconde..........	Version latine.
	Quatrième........	Arithmétique.
Vendredi 3.....	Rhétorique.......	Version grecque.
	Troisième........	Thème grec.
Samedi 4.......	Seconde..........	Thème latin.
	Quatrième........	Histoire.
Lundi 6........	Cinquième.......	Histoire.
	Sixième..........	Version latine.
Mardi 7........	Seconde..........	Version grecque.
	Troisième........	Géométrie.
Mercredi 8.....	Quatrième........	Thème latin.
	Cinquième.......	Histoire naturelle.
Jeudi 9........	Seconde..........	Thème grec.
	Sixième..........	Histoire.
Vendredi 10....	Troisième........	Vers latins.
	Sixième..........	Histoire naturelle.

ART. 22.

Toutes les compositions commenceront à six heures du matin.

ART. 23.

Les compositions finiront à trois heures précises pour les classes de philosophie et de physique (2e année), pour les mathémathiques spéciales et élémentaires, pour les discours latin et français, et pour les vers latins de la classe de rhétorique;

A deux heures, pour la classe de physique (1re année), pour la version latine et la version grecque de rhétorique, pour les vers latins de seconde et de troisième, et pour les compositions d'histoire, jusqu'à la troisième inclusivement;

A une heure, pour toutes les autres compositions.

Aucune composition ne sera admise après l'heure indiquée pour la clôture du concours.

Aucun élève, même après avoir remis sa copie, ne pourra quitter la salle de composition avant l'heure fixée pour la clôture du concours.

ART. 24.

Les élèves des classes de philosophie, de rhétorique et de langues anciennes ne pourront apporter d'autres livres que les dictionnaires autorisés pour l'usage des classes.

Les élèves des classes de mathématiques et de sciences physiques, et ceux qui concourront pour les prix d'histoire, ne pourront apporter aucun livre ni cahier.

La contravention à cet article sera punie par l'exclusion du concours.

ART. 25.

Les surveillants feront distribuer aux élèves, pour écrire leurs compositions, des feuilles de papier uniforme.

Chaque feuille aura une tête imprimée où l'élève écrira lui-même ses nom et prénoms, le lieu et la date de sa naissance, le nom du collége et celui du professeur dont il suit le cours, et, s'il n'est pas pensionnaire du collége, le nom de l'institution ou de la pension à laquelle il appartient.

Dans les classes de rhétorique, si l'élève est vétéran, il en fera mention.

ART. 26.

L'élève aura soin de ne rien écrire au *verso* de la bande de papier qui contiendra les indications énoncées en l'article précédent.

ART. 27.

Chaque élève remettra lui-même sa copie au président du concours, et, dès qu'il l'aura remise, il ne pourra plus la reprendre, sous aucun prétexte.

Le président coupera aussitôt la bande de papier contenant les nom, prénoms, âge, etc. Il y inscrira un numéro et une devise qui seront répétés par lui au bas de la copie.

Chaque devise renfermera trois mots et pas un de plus.

ART. 28.

A la fin de chaque composition, les bandes ou bulletins seront pliés et renfermés, par le président, dans un papier sur lequel il apposera un sceau particulier qui lui aura été remis par le Grand-Maître.

Il prendra les mêmes précautions pour les copies.

Les noms et les copies, pour chaque composition, seront renfermés dans une boîte scellée, comme il vient d'être dit, et sur chacune de ces boîtes on désignera la classe, le genre et la date de la composition.

ART. 29.

Immédiatement après la clôture de chaque séance, le président du concours enverra au Grand-Maître de l'Université les boîtes où seront déposés les noms et les copies.

Le sceau sera envoyé séparément au Grand-Maître par le président du concours.

TITRE II.

Des Examens.

ART. 30.

L'examen des compositions se fera au chef-lieu de l'académie, dans les bureaux particuliers formés par le Grand-Maître.

Tous ceux qui auront été désignés pour concourir à cet examen déclareront sur leur honneur qu'ils n'ont eu, ni directement, ni indirectement, aucune connaissance des copies, et ils seront invités à signer cette déclaration ; ils devront être rendus au chef-lieu de l'académie une heure au moins avant l'heure indiquée pour la clôture du concours.

ART. 31.

Il y aura deux bureaux pour la rhétorique, et un pour chacune des autres classes.

ART. 32.

Les bureaux des classes d'humanités et de grammaire seront composés de cinq professeurs désignés par le sort entre huit professeurs de la classe immédiatement au-dessus de celle dont les compositions devront être examinées.

Ces huit professeurs se rendront au chef-lieu de l'académie le jour de la composition, à midi, pour procéder au tirage au sort.

Chaque bureau sera présidé par un fonctionnaire supérieur de l'Université.

ART. 33.

Aux jours et heures qui auront été indiqués, le président ouvrira devant les examinateurs la boîte qui renfermera les copies et les noms. Les papiers où seront renfermés les noms seront remis sur-le-champ au secrétariat de l'académie.

ART. 34.

L'examen des compositions de philosophie, de mathématiques, de physique, d'histoire naturelle, de rhétorique et d'histoire ne pouvant être terminé dans une première séance, les copies seront remises à la fin de chaque séance dans la boîte, qui sera scellée du cachet d'un des examinateurs, et renvoyée sur-le-champ au secrétariat de l'académie. La clef restera entre les mains du président du bureau.

ART. 35.

L'examen des compositions des autres classes sera fait séance tenante et sans désemparer.

Le président de l'examen sera assis à un bureau séparé de celui des examinateurs. Il est spécialement chargé de lire les copies. On lui adjoindra pour cette lecture un des cinq examinateurs, dont le nom sera tiré au sort, et qui ne prendra part ni à l'examen ni au jugement.

ART. 36.

Les examinateurs dresseront un procès-verbal de leurs examens, et assigneront les places en énonçant par ordre de mérite les numéros et devises que porteront les diverses copies.

Ils inscriront, à la fin du procès-verbal, la promesse, sous serment, de garder le silence le plus absolu sur les opérations du bureau d'examen et sur le résultat de ses jugements.

ART. 37.

Les procès-verbaux, cachetés du sceau particulier de chaque bureau, seront remis au Grand-Maître.

ART. 38.

L'ouverture des procès-verbaux et des bulletins corres-

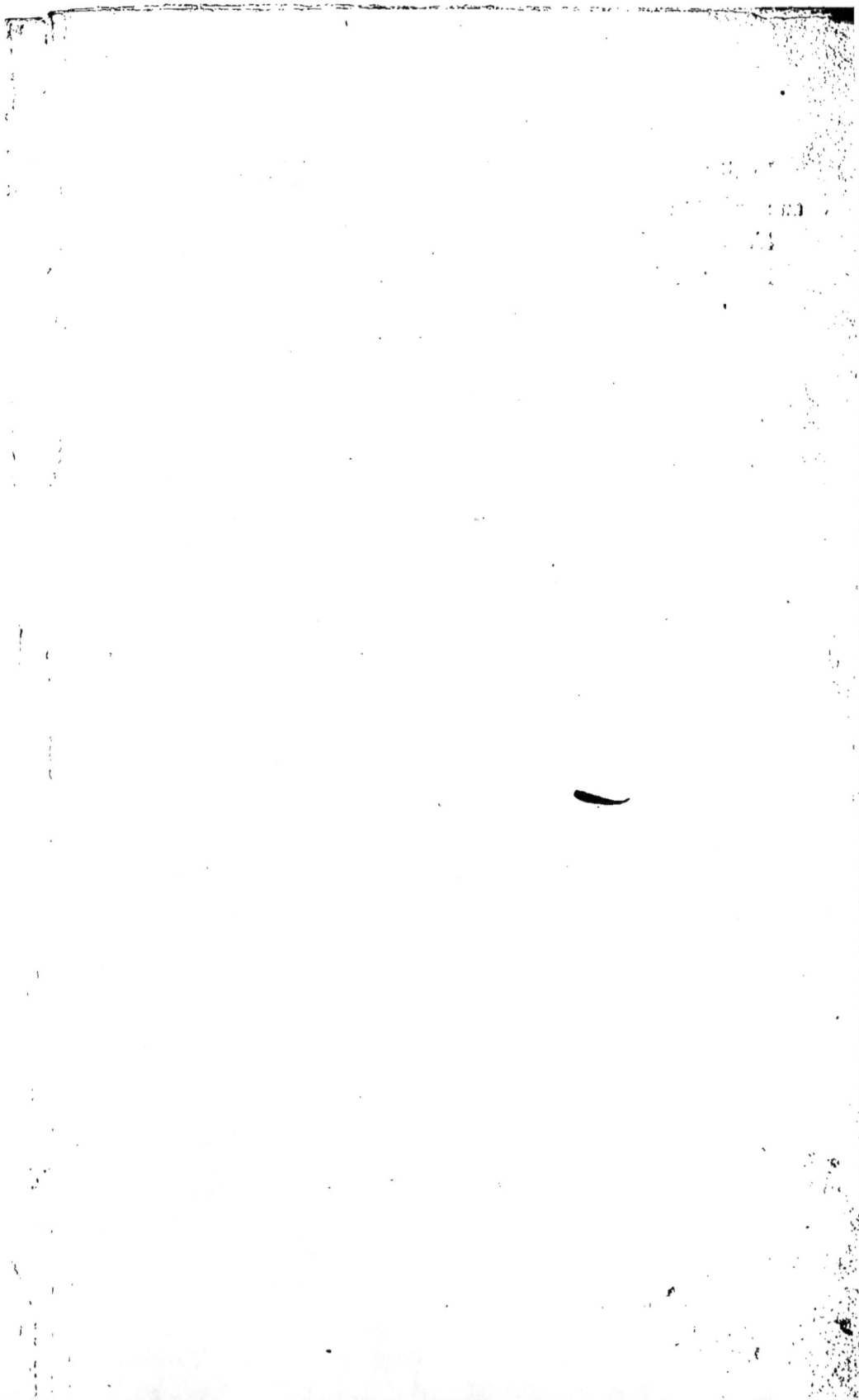

www.ingramcontent.com/pod-product-compliance
Lightning Source LLC
Chambersburg PA
CBHW050458210326
41520CB00019B/6262